SOCIÉTÉ DE LÉGISLATION COMPARÉE

SÉANCE DE RENTRÉE DE LA SESSION DE 1897

ALLOCUTION

DE

M. CHARLES TRANCHANT

ANCIEN CONSEILLER D'ÉTAT, PRÉSIDENT DE LA SOCIÉTÉ

PARIS

LIBRAIRIE COTILLON

F. PICHON, SUCCESSEUR, ÉDITEUR

Libraire du Conseil d'État et de la Société de Législation comparée

24, rue Soufflot, 24

1897

SOCIÉTÉ DE LÉGISLATION COMPARÉE

SÉANCE DE RENTRÉE DE LA SESSION DE 1897

ALLOCUTION

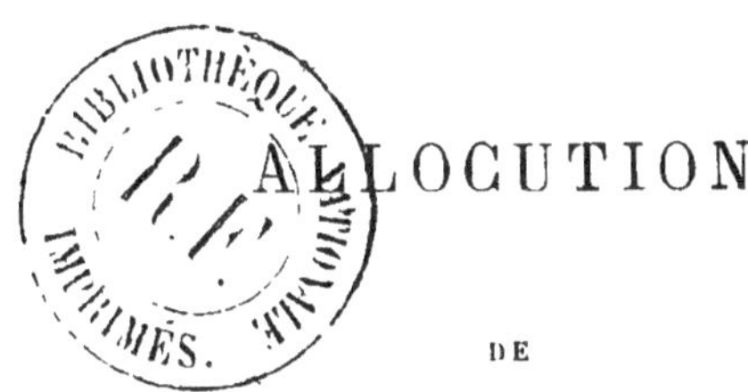

DE

M. CHARLES TRANCHANT

ANCIEN CONSEILLER D'ÉTAT, PRÉSIDENT DE LA SOCIÉTÉ

PARIS

LIBRAIRIE COTILLON

F. PICHON, SUCCESSEUR, ÉDITEUR

Libraire du Conseil d'État et de la Société de Législation comparée

24, rue Soufflot, 24

1897

(Extrait du *Bulletin de la Société de Législation comparée*.)

(Fascicule de janvier 1897).

ALLOCUTION

DE

M. CHARLES TRANCHANT

ANCIEN CONSEILLER D'ÉTAT, PRÉSIDENT DE LA SOCIÉTÉ

SÉANCE DU 9 DÉCEMBRE 1896.[1]

Présidence de M. Charles TRANCHANT.

.La séance est ouverte à neuf heures moins le quart.

. . . .

M. le président Charles **Tranchant** prononce l'allocution suivante :

Messieurs et chers collègues,

La situation de notre imposant personnel se résumait ainsi d'après le dernier relevé de notre *Bulletin*, c'est-à-dire en janvier 1896 (1) : 1.335 adhérents se décomposant de la manière suivante : 839 membres résidant sur le territoire français; — 386 membres ou correspondants résidant à l'Étranger (2); — 110 Autorités, corps ou institutions (3) se partageant à peu près également entre la France et l'Étranger.

(1) Premier fascicule du *Bulletin* de l'année 1896, page 8 et suivantes.

(2) Cette formule, ainsi qu'on l'a fait observer précédemment, amène à comprendre dans la fraction étrangère quelques-uns de nos compatriotes par exemple ceux qui appartiennent au Corps diplomatique ou au Corps consulaire, mais c'est, pour l'ensemble, une exception insignifiante.

(3) En France, le Sénat, la Chambre des Députés, plusieurs Ministères, le Conseil d'État, la Cour de cassation, douze Universités; — à l'Étranger neuf Ministères, onze Universités.

Le nombre des souscripteurs perpétuels compris dans ce contingent était de 25 Français et de 34 étrangers.

Depuis que le relevé a été dressé, la Société a vu entrer dans son sein : 26 adhérents nouveaux en France ; 15 à l'Étranger ; — par contre, elle a perdu 14 adhérents en France, 5 à l'Étranger.

L'un des membres de la commission spéciale vous entretiendra tout à l'heure, au nom de cette commission, de la situation financière de la Société. Vous avez un revenu relativement élevé, et il a encore augmenté, dans le courant de l'année 1896, du chef des cotisations, mais pour continuer vos travaux avec l'ampleur qu'ils commandent, vous avez à faire face à de lourdes dépenses ; il importe donc que vous aidiez, chacun dans la limite de ce que vous pouvez, au développement de nos ressources en vous efforçant d'appeler de nouveaux membres à la Société.

Le *Bulletin* de l'année 1896 renferme, avec les relevés d'usage et de nombreux comptes rendus d'ouvrages, le texte de très intéressantes et instructives communications faites à vos séances générales ou remises directement ; je citerai celles de MM. d'Anethan, Blumstein, Typaldo Bassia, C. Bufnoir, Fernand Le Pelletier, Maurice Dufourmantelle, Ernest Passez, Henri Le Fort, Victor Molina, Ch. Lachau, relatives : à la nouvelle loi communale d'Alsace-Lorraine ; — à deux lois belges concernant les prêts sur gages et les caisses d'épargne — au régime des caisses d'épargne en Espagne, en Portugal et en Belgique ; — aux formalités requises par la législation grecque pour contracter mariage ; — à une loi génevoise modifiant le régime matrimonial quant aux biens ; — à l'organisation du barreau en Angleterre, en Irlande et en Ecosse ; — à l'organisation du barreau suisse ; — aux nouvelles lois militaires de la République argentine ; — à un projet de traité entre la France et la Belgique sur la compétence des tribunaux dans les litiges internationaux et sur l'exécution réciproque des jugements en matière civile et commerciale.

L'*Annuaire de législation étrangère*, publié récemment, comprend les lois de l'année 1894 ; il forme un volume de 1.196 pages, dans lequel toute une pléiade de dévoués et distingués collaborateurs français et étrangers (1), sous l'active et infatigable impulsion de M. le Secrétaire général, ont réuni de nombreuses lois précédées

(1) Soixante collaborateurs résidant en France, 21 collaborateurs résidant à l'Étranger.

de notices substantielles. Le travail comprend trente-huit États, dont plusieurs, comme l'Empire allemand ou la confédération des États-Unis de l'Amérique du Nord, comportent des législations multiples, générales ou spéciales aux diverses fractions de l'État. Certaines des lois comprises dans le travail ont une très sérieuse importance ; quelques-unes touchent à des réformes constitutionnelles, d'autres sont des codifications ou résolvent de graves questions de détail. Les comptes rendus de la législation du Brésil et de la législation du Mexique étaient en retard depuis 1890 ; ils ont été repris.

L'*Annuaire français*, dont M. le Secrétaire général confie la direction aux soins particuliers de son dévoué et éclairé auxiliaire, M. Jules Challamel, comprend les lois de l'année 1895, réunies par les soins de M. Challamel et de seize autres membres de la Société.

L'action commune de la Société de législation comparée et du Comité de législation étrangère, fonctionnant à la Chancellerie sous la présidence de M. Léon Aucoc, a, dans le courant de l'année 1896, enrichi la collection des principaux Codes étrangers d'un nouveau volume, le Code civil portugais de 1867, traduit et annoté par notre collègue, M. Gaston Laneyrie, l'un des vice-présidents du Tribunal de la Seine, et M. Joseph Dubois, secrétaire adjoint du Comité de législation étrangère. Neuf autres traductions de Codes (1) sont en préparation et, aussi, le troisième volume des *Chartes coloniales et Constitutions des États-Unis de l'Amérique du Nord* (2).

Votre bibliothèque, d'après les indications données par notre collègue M. Maurice Dufourmantelle, qui a bien voulu se charger de sa surveillance, compte 3.226 publications représentées par environ 9.000 volumes et par 2.163 brochures. Le nouveau Catalogue, dont je vous entretenais l'an dernier et dont la préparation a duré plusieurs années, paraîtra sans doute vers le mois de mai 1897. Nous devons, pour cette œuvre aussi laborieuse

(1) Code de procédure criminelle espagnol de 1882 ; — Code civil allemand ; — Code de commerce autrichien de 1863 ; — Code civil de la République argentine de 1871 ; — Code de commerce hongrois de 1876 et loi sur le change de 1877 ; — Code des faillites de l'Empire d'Allemagne de 1877 ; — Code pénal et code de procédure pénale de l'État de New-York de 1881 et 1882 ; — Code de commerce italien de 1882 ; — Nouveau code de procédure civil autrichien.

(2) Publiées par M. Alphonse Gourd, avocat à la Cour d'appel de Lyon : les deux premiers volumes ont paru en 1885.

qu'utile, commencée d'abord par MM. Christian Daguin et Alcide Darras, les plus vifs remerciements à M. Dufourmantelle et aussi, d'après son témoignage, à M. Félix Roussel, qui lui a donné le concours le plus actif et le plus soigneux.

Vos délégués (1), comme d'habitude, ont pris part au Congrès des sociétés savantes de la Sorbonne, auquel ont assisté, avec eux, un certain nombre d'autres membres de la Société. Il faut rappeler ici les communications faites à la Section des sciences économiques et sociales par MM. Léon Salefranque, Henri Pascaud, Ch. Camoin de Vence, Pierre Lallier, Raoul de la Grasserie, Joseph Drioux. Ces communications, qui avaient trait à d'importantes questions du programme (2), ont été reproduites dans le compte rendu officiel du Congrès (3).

Après vous avoir entretenu des travaux de la Société et de ceux qui en sont comme le corollaire, je dois, suivant vos traditions, payer un tribut de souvenir et de regrets à ceux des membres que nous avons eu le malheur de perdre. Ce sont parmi les membres appartenant à la France : MM. Jules Simon, Léon Say, Eugène de Rozière, Alfred André, le vicomte du Martroy, le comte Fernand de Montesquiou, Charles Demangeat, Gabriel Colmet d'Aage, Charles Brissonnet, Julien Larnac, Adolphe Bitsch, Maxime Véran, Chantre, Aubin Dumoustier de Frédilly, auxquels il faut ajouter les cinq étrangers : M. Paul Calligas, correspondant à Athènes ; M. José Cladellat y Dasquens, de Barcelone ; M. Antonio de Padua

---

(1) MM. Charles Tranchant, C. Bufnoir, Ch. Lyon-Caen, Hubert-Valleroux Pascaud, de la Grasserie, P. Lallier, F. Daguin; J. Challamel, M. Dufourmantelle désignés par le Conseil de Direction, le 8 juillet 1896 ; MM. Drioux, et Salefranque désignés le 18 novembre suivant.

(2) Régime fiscal des successions dans les pays étrangers ; — Mesures législatives à recommander pour concilier, à l'égard des Aliénés dits *criminels*, la protection de la vie des personnes avec le respect de la liberté individuelle ; — Question de savoir s'il y a lieu de modifier, dans l'état économique actuel, la distinction entre les meubles et immeubles telle qu'elle est établie par le Code civil ; — Assistance par le travail.

MM. Tranchant, Bufnoir, Camoin de Vence, ont présidé diverses séances de la Section.

(3) *Ministère de l'Instruction publique, des Cultes et des Beaux-Arts. Bulletin du Comité des travaux historiques et scientifiques. Section des sciences économiques et sociales. Congrès des Sociétés Savantes de* 1896. In 8°. Paris, Imprimerie nationale, 1896, page 16 et suivantes, page 123 et suivantes, page 163 et suivantes, page 209 et suivantes.

Fleury, de Rio-de-Janeiro ; M. J.-A. de Barros-Guimarães, de
Pernambuco ; M. Dudley Field, de New-York.

M. Eugène de ROZIÈRE était né à Paris le 2 mai 1820. Il était
petit-fils, par sa mère, d'un jurisconsulte renommé, qui a marqué aussi beaucoup dans le domaine de l'érudition, M. Pardessus,
député, membre de l'Académie des inscriptions et belles-lettres,
conseiller à la Cour de cassation, professeur à la Faculté de droit
de Paris, président du Conseil de perfectionnement de l'École des
chartes. Élève de l'École des chartes, M. de Rozière y rentra très
jeune encore, comme professeur adjoint chargé du cours de droit
féodal et canonique, à l'époque où le Gouvernement du roi Louis-
Philippe, sur la proposition de M. le comte de Salvandy (1),
transforma en une véritable école de l'histoire de France un enseignement restreint jusqu'alors à la paléographie et à la diplomatique. Qu'il soit permis à un élève de M. de Rozière devenu
plus tard son collègue dans le haut conseil des archives publiques, de rappeler avec un sentiment plus particulier de pieux
souvenir, une carrière dont il a pu suivre tout le développement.
Après une brillante période d'enseignement à l'École des chartes,
M. de Rozière passa dans ce qu'on peut appeler le service actif
de la carrière. Il avait été, un instant, chef du cabinet du Ministre de l'Instruction publique ; il fut nommé, le 1er mai 1859,
inspecteur des archives départementales, communales et hospi-
talières ; il exerça longtemps, et avec une grande distinction, ces
fonctions. Le 29 juin 1871, il devenait membre de l'Académie des
inscriptions et belles-lettres ; en 1872, il était chargé de suppléer,
au Collège de France, M. Edouard Laboulaye dans le cours des
législations comparées ; en 1882, il entrait au Conseil supérieur
de l'Instruction publique comme représentant l'École des chartes.
En 1884, il était nommé président de la Commission supérieure
des Archives instituée auprès du Ministère de l'Instruction publique (2) pour le seconder dans la haute direction du service des
archives nationales et des archives de l'administration locale.
Il présidait aussi la Commission des Archives de la Marine et

(1) Ordonnance royale du 31 décembre 1846 rendue sur la proposition de
M. le comte de Salvandy, Ministre de l'Instruction publique

(2) La Commission supérieure des Archives a siégé, d'abord et pendant
longtemps, au Ministère de l'Intérieur, n'ayant alors dans son domaine que
les Archives départementales, communales et hospitalieres.

était l'un des vice-présidents de la Commission des Archives diplomatiques présidée par le Ministre des Affaires étrangères.

Le 5 janvier 1879, M. de Rozière avait été élu sénateur dans le Département de la Lozère, et il avait été réélu en 1888; à diverses reprises il porta la parole avec autorité devant le Sénat.

M. de Rozière avait donné, il y a de longues années, une nouvelle édition du *Cours du droit commercial*, de M. Pardessus (1); il a, depuis, fait un certain nombre de publications, des travaux sur l'ancien droit français, le cartulaire de l'église du Saint-Sépulcre de Jérusalem, divers recueils de ces formules qui sont comme le moule des anciens usages administratifs et juridiques, notamment le célèbre *Liber diurnus* de la Chancellerie romaine (2). En 1843, il avait partagé avec M. Théophile Roussel un prix de l'Institut pour une *Histoire de l'île de Chypre sous la dynastie française des Lusignan.*

Notre regretté collègue a été, je n'ai pas besoin de le rappeler, vice-président de notre Société, et l'on n'a pas perdu, parmi nous, le souvenir du discours excellent par lequel, après la mort de M. le président Gide, il ouvrait votre session de 1881 (3).

M. de Rozière est mort à Paris, le 18 juin 1896.

M. Alfred ANDRÉ appartenait à une famille de banquiers bien connue : ce milieu lui préparait un avenir qui s'est développé dans les conditions les meilleures. Régent de la Banque de France, membre de la Chambre de commerce de Paris, il a été aussi administrateur de plusieurs des plus grandes compagnies industrielles, notamment la Compagnie des Messageries maritimes et la Compagnie du chemin de fer de la Méditerranée. De lignée protestante, et très attaché à la religion de ses pères, il siégeait dans le Consistoire central des Églises réformées de France. Les électeurs de la Seine l'avaient envoyé, en 1871, à l'Assemblée constituante. Il est mort à Paris, le 23 janvier 1896.

M. le vicomte du MARTROY était entré au Conseil d'État, comme

(1) *Cours de droit commercial* par J. M. Pardessus, 6ᵉ édition, publiée par M. Eugène de Rozière son petit-fils. 1856. Paris, Henri Plon, in 8ᵒ.

(2) LIBER DIURNUS ou *Recueil de formules usitées par la Chancellerie romaine du* vᵉ *au* xıᵉ *siècle.* 1869. Il faut citer aussi : *Formulæ andegavenses* (1844); *Formules Wisigothiques* (1854); *Recueil général des formules usitées dans l'Empire des Francs du* vᵉ *au* xıᵉ *siècle*, etc.

(3) *Bulletin* nᵒ x (année 1880-1881), page 39 et suivantes.

auditeur, sous le règne du roi Louis-Philippe (1) ; il était d'une génération qui a donné au Conseil d'État des hommes dont le souvenir restera toujours en honneur, en particulier deux collègues qui furent comme ses émules : M. Adolphe Vuitry, que nous comptions aussi, assez récemment encore, parmi nous, et M. Léon Cornudet. Tous trois gravissant, grâce à leur mérite, les degrés de la hiérarchie, sont devenus maîtres des requêtes, commissaires du Gouvernement au contentieux, conseillers d'État, présidents de Section. M. Vuitry, allant au-delà, est devenu Ministre et président du Conseil d'État. M. du Martroy, maintenu au Conseil sous les divers régimes qui se succédèrent, resta toujours fidèle au contentieux. Mon rang sur la liste des conseillers m'avait donné, auprès de lui, à la Section, pendant une longue période de mon séjour au Conseil, les fonctions de vice-président : j'ai pu ainsi être le témoin très direct de son dévouement infatigable à sa tâche et des aptitudes hors ligne qu'il y apportait. Quand il se retira, en 1879, après quarante-cinq ans des plus méritants services, mais encore plein de vigueur de corps et d'esprit, l'importante Compagnie du chemin de fer d'Orléans fit appel à sa haute expérience des affaires pour le placer dans son Conseil d'administration, d'abord comme vice-président, ensuite comme président. Il a été enlevé récemment, par un mal rapide, au cours d'un voyage en Suisse.

M. Fernand de MONTESQUIOU était né à Paris, le 29 juillet 1821 ; il était fils du comte Henri de Montesquiou et se rattachait, par sa mère, à la famille de Mornay. Après avoir fait de très bonnes études secondaires au collège royal Saint-Louis, il fut nommé auditeur de 2e classe au Conseil d'État, le 11 novembre 1843. Au moment de la Révolution de 1848, il était auditeur de 1re classe ; il reconquit, par la voie du concours, sa position dans le Conseil d'État reconstitué en vertu de la loi du 13 janvier 1849.

. Après le coup d'État de décembre 1851 et lors de la formation d'un nouveau Conseil qui allait devenir le Conseil d'État impérial, M. de Montesquiou fut nommé maître des requêtes, mais il donna immédiatement sa démission. Le 8 avril 1871, il fut nommé préfet de la Meurthe. Au moment de la réorganisation du Conseil d'État en vertu de la loi du 24 mai 1871, il fut nommé conseiller d'État par l'Assemblée nationale. L'année suivante, ses

(1) En 1834.

collègues le déléguèrent dans les fonctions de membre du Conseil supérieur de l'Instruction publique ; en 1879, il quitta, et cette fois définitivement, le Conseil d'État, partageant désormais son temps entre Paris et le château de Longpont, dans l'Aisne, où il avait réuni d'intéressantes collections artistiques. Il est mort, à Paris, le 21 mai 1896.

M. le comte Fernand de Montesquiou appartenait à la seconde branche de la très ancienne et très illustre famille de Montesquiou-Fézensac, la branche d'Artagnan d'où sont sortis les maréchaux de France de Montluc et de Montesquiou.

Une longue confraternité de travaux au Conseil d'État m'avait uni à M. de Montesquiou et mis à même d'apprécier l'élévation de son caractère en même temps que l'aménité de son commerce.

M. Charles DEMANGEAT avait, il y a environ un an, pris sa retraite comme conseiller à la Cour de cassation. Il était né à Nantes, le 2 septembre 1820. Élève de la Faculté de droit de Paris, il fut reçu avocat en 1841. En 1851, il fut nommé, au concours, professeur suppléant à la Faculté et chargé d'un cours de droit romain ; le 17 novembre 1862, il fut nommé titulaire. Au mois d'avril 1870, le Gouvernement de l'Empereur l'appela aux hautes fonctions de conseiller à la Cour de cassation. Vous savez combien il se distingua dans les deux carrières. Son *Cours élémentaire de droit romain* et ses travaux spéciaux sur certaines portions de ce droit ; son travail sur la condition civile des étrangers en France ; son édition complétée du *Droit commercial* de Bravard-Veyrières et ses commentaires sur le *Droit international* de Fœlix sont restés très connus. A la Cour de cassation, il fit preuve de rares mérites auxquels MM. les avocats généraux Rau et Cruppi ont rendu le plus éclatant et le plus touchant hommage dans les discours de rentrée de la Cour en 1895 (1) et en 1896 (2).

M. Gabriel COLMET D'AAGE, doyen honoraire de la Faculté de droit de Paris, s'était retiré, il y a quelques années, après une carrière bien dignement remplie qui s'était passée presque tout

______

(1) Audience de rentrée de la Cour de cassation du 16 octobre 1895. *Journal officiel* du 18, page 6028.

(2) Audience de rentrée de la Cour de cassation du 16 octobre 1896. *Journal officiel* du 19, page 5709.

entière à la Faculté. Il est mort subitement, à Paris, le 3 janvier 1896. Il était né dans cette ville, le 7 avril 1813, d'une ancienne et honorable famille de robe. Son père avait été, de longues années, avocat au Barreau de Paris ; il comptait, dans les générations précédentes, plusieurs procureurs au Parlement. Élevé au collège royal Henri IV, il avait été, ensuite, un élève remarqué de l'École de droit, s'était fait inscrire au Barreau de la Cour et y avait heureusement débuté, mais bientôt il se sentit entraîné vers l'enseignement. En 1841, après une suppléance provisoire à la Faculté de droit de Rennes, il fut, à la suite d'un concours, nommé professeur suppléant à la Faculté de Paris ; un nouveau concours le fit professeur titulaire en 1847. Pourvu de la chaire de procédure civile, il l'occupa avec grand succès jusqu'en 1871, époque à laquelle il fut chargé de reprendre un enseignement suspendu pendant la période impériale, celui du Droit constitutionnel qu'il avait déjà professé quelque temps comme suppléant de M. Rossi à la fin du règne de Louis-Philippe. — En 1868, M. Colmet d'Aage avait été appelé aux fonctions de doyen ; il les a conservées jusqu'en 1879, et plus d'une mesure utile a marqué son administration tant au point de vue de l'extension des cours qu'au point de vue d'une organisation sérieuse de la bibliothèque de l'École demeurée jusque-là à l'état rudimentaire.

M. Colmet d'Aage avait repris et continué avec grand talent l'œuvre d'un professeur resté célèbre, les leçons de procédure de Boitard. Il a fait aussi quelques publications particulières, les unes se rattachant à ses fonctions comme *l'École de droit de Paris de* 1814 *à* 1816, les autres ayant un caractère tout littéraire, qui étaient pour lui un délassement et parmi lesquelles je citerai seulement une traduction en vers de l'*Hermann et Dorothée* de Gœthe (1).

M. Charles BRISSONNET appartenait à une famille poitevine. Il était professeur à la Faculté de droit de Poitiers où il occupait la chaire d'économie politique. Il faisait partie du Barreau de la la Cour d'appel et avait été, pendant quelque temps, membre du Conseil général du département de la Vienne pour le canton de Saint-Julien-l'Ars. Une grave maladie avait, depuis assez lontemps déjà, interrompu tous ses travaux.

(1) La plus grande partie des détails donnés au sujet de la carrière M. Gabriel Colmet d'Aage est due à une obligeante communication de son gendre, M. Ern. Glasson, membre de la Société.

M. Julien Larnac était né, à Nîmes, en 1832 ; il avait fait, avec beaucoup de succès, ses études d'humanités à Paris, au collège Charlemagne, puis était retourné dans le Midi avec le dessein de se vouer à la carrière médicale. Cette vocation ne dura pas, et il quitta bientôt la Faculté de médecine de Montpellier pour rejoindre, à l'École de droit de Paris, son frère Philippe. Admis au stage du Barreau de la Cour d'appel et devenu deuxième secrétaire de la Conférence, il fut chargé de prononcer devant elle l'éloge de Paillet. Inscrit au tableau en 1855, il s'était fait déjà au Palais une sérieuse position quand un triste événement de famille l'amena à modifier sa voie. Son frère, qui, tout jeune encore, avait pris rang parmi les avocats les plus en évidence du Conseil d'État et de la Cour de cassation, fut enlevé prématurément ; Julien Larnac recueillit sa succession et sut maintenir la situation qui lui était léguée. Élu membre du Conseil de l'Ordre en 1879, il s'était retiré peu après reprenant, non plus à titre de profession, mais à titre de souvenir, sa place première au Barreau de la Cour d'appel. Il est mort subitement, à Paris, le 5 janvier 1896 (1).

M. Adolphe Bitsch, avocat au tribunal de Vitry-le-François, est décédé dans cette ville, le 13 mars 1896. D'une famille originaire de Lixheim sur les confins de la Lorraine et de l'Alsace, il était né à Vitry, le 27 décembre 1844, avait commencé ses études secondaires au collège de cette ville et les avaient terminées dans la maison de la Malgrange, près Nancy. Entré d'abord à la Faculté de droit de Paris, il termina brillamment ses études de licence à celle de Nancy et, au mois de décembre 1869, soutint avec le même succès sa thèse de doctorat devant la Faculté de Strasbourg. Il se destinait à l'enseignement du droit quand, sur les instances de sa famille, il revint dans la ville natale et prit une étude d'avoué ; il exerça pendant vingt ans avec honneur, environné de l'estime et de la sympathie publiques ; en se retirant, il se fit inscrire au tableau des avocats du tribunal et a terminé sa carrière dans cette profession.

M. Bitsch avait inséré dans notre *Bulletin* de 1893, une relation du premier Congrès national de patronage des libérés, tenu à

(1) Les détails relatifs à M. Julien Larnac sont dus à une obligeante communication de M. Eug. Pouillet, bâtonnier de l'Ordre des avocats à la Cour d'appel de Paris.

Paris. Il nous avait donné aussi un certain nombre d'articles bibliographiques. Il était auteur d'un travail publié en 1894 et intitulé : *Les Vraies réformes judiciaires* (1).

M. Maxime VÉRAN était né en 1870; il était originaire de Colmar où son aïeul avait été avocat général. Après la guerre allemande, son père avait opté pour la nationalité française et était venu s'établir à Paris où, plus tard, il fut élu conseiller municipal. Notre collègue, l'un des plus jeunes membres de la Société, était avocat stagiaire près la Cour d'appel de Paris; il avait été élève de l'École libre des sciences politiques et, en 1893, avait fait paraître, dans les *Annales* de l'École, un travail sur la condition des étrangers dans l'Alsace-Lorraine. Lors de son passage au Ministère des Finances, M. Alexandre Ribot avait chargé M. Véran d'une mission officielle en Belgique, officieuse en Alsace-Lorraine pour l'étude des lois fiscales en vigueur dans ces pays en matière de droits de succession.

M. Maxime Véran est décédé, le 2 janvier 1896, arrêté au début d'une carrière féconde en espérances (2).

M. CHANTRE habitait Paris et était docteur en droit : je n'ai aucun autre détail sur lui; sa mort vient de m'être notifiée.

M. A. DUMOUSTIER de FRÉDILLY était fils d'un fonctionnaire bien connu, qui avait rempli avec distinction les fonctions considérables de Directeur du commerce intérieur. Notre collègue avait suivi la ligne qui lui était si bien tracée et, de très bonne heure, il était devenu titulaire, au Ministère du Commerce, du bureau chargé des questions de propriété industrielle. Non content de donner tous ses soins à cet important service, M. de Frédilly aimait à suivre au dehors tout ce qui s'y rattachait et ceux d'entre nous qui ont eu l'honneur de prendre part à la direction des travaux du grand Congrès de la propriété industrielle, n'oublieront pas l'aide dévouée qu'il a donnée à leur tâche dans la session mémorable de 1878.

(1) In-8°. Paris, librairie F. Pichon. Les détails relatifs à M Ad. Bitsch sont dus à une communication très développée et touchante de sa veuve et à une autre communication de M° Lecocq, avocat avoué près le tribunal de Vitry-le-François.

(2) Les détails relatifs à M. M. Véran ont été recueillis par M. J. Challamel, premier secrétaire de la Société de la législation comparée.

Je n'ai pas, Messieurs et chers collègues, à retracer ici la carrière de MM. Jules Simon et Léon Say ; nous nous honorons de les avoir comptés parmi les membres de notre Société, mais leur histoire appartient à la France. Si je n'ai pas à la rappeler, même dans ses grandes données, j'ai le devoir de joindre nos adieux à ceux qui déjà ailleurs ont salué ces mémoires d'élite (1).

Professeur, très jeune encore, à la Faculté des lettres de Paris, où il suppléa dans la chaire de philosophie un maître illustre M. Victor Cousin, publiciste en renom, conseiller d'État, député, sénateur, ministre et président du Conseil, membre de l'Académie française, secrétaire perpétuel de l'Académie des sciences morales et politiques, M. Jules Simon a eu toutes les satisfactions que peuvent donner les carrières les plus belles ; il a eu aussi les déboires inséparables d'une vie politique prolongée au milieu de temps tourmentés et changeants. Après une longue attente, il avait assisté au triomphe de ses espérances et il avait vu, suivant ses vœux, le pays adopter une forme de gouvernement faite pour séduire, entre tous, les philosophes naturellement entraînés vers l'idéal, mais il put constater, à la pratique, qu'en raison des imperfections de l'humanité, la réalité crée souvent de grandes difficultés dans l'accomplissement des plus généreux desseins ; il put constater aussi que si le bonheur des peuples est, comme on l'a dit, d'être gouvernés par des philosophes, ce bonheur n'est pas toujours bien senti par eux. Il eut le plus grand de tous les courages, celui de savoir immoler une longue popularité au respect de lui-même. Quand il vit des majorités nouvelles glisser sur des pentes qu'il jugea dangereuses pour l'avenir du pays, il se retira, laissant à d'autres l'heur de jouir de la faveur du public. Il ne fut plus ministre, mais il resta un sage et un grand citoyen. S'il se désintéressait des succès personnels, il ne se désintéressait pas des intérêts publics ni des nobles thèses qu'il avait soutenues. Sa voix se faisait encore entendre au Sénat dans de solennelles occasions et les œuvres destinées au soulagement de l'humanité avaient encore son entier concours comme si, là aussi, la faveur n'avait pas tourné à de nouveaux défenseurs. J'étais de ceux qui le virent et l'entendirent la dernière fois, je crois,

(1) Il faut rappeler, avant tout, la belle notice consacrée à M. Jules Simon par M. Georges Picot, dans la séance annuelle de l'Académie des sciences morales et politiques, le 5 décembre 1896 et, parmi tous les hommages rendus à M. J. Simon sur sa tombe, celui de M. Frédéric Passy.

qu'il ait paru en public, à une séance du Musée social où de braves ouvriers étaient récompensés par un généreux bienfaiteur (1). Sa voix épuisée s'éleva encore en faveur « des petits et des humbles ». Rappelant l'un de ses ouvrages (2) les plus touchants, il recommandait particulièrement aux œuvres humanitaires ces pauvres filles qui ne font pas de grèves, mais qui souvent souffrent et meurent en silence, épuisées par les privations, résultat d'un salaire insuffisant.

Quand M. Jules Simon sentit arriver la dernière heure, il traça d'une main défaillante, quelques mots qu'il chargea un ami de remettre à sa famille. Ils contenaient le résumé de ses aspirations et, en même temps, comme une recommandation suprême: « Dieu, la patrie, la liberté. »

M .Léon SAY, fils de M. Horace Say conseiller d'État et membre de l'Institut, petit-fils de l'illustre économiste Jean-Baptiste Say, n'avait pas eu, comme M. Jules Simon, à lutter contre les premières difficultés de la vie. Les voies lui étaient frayées par les souvenirs de sa famille, mais il sut, chose peu commune, soutenir le poids d'un glorieux héritage et agrandir encore une renommée portée par deux générations. Arrivé sur le seuil de la vie d'homme au moment où la deuxième République disparaissait avec les rêves enthousiastes de ses origines et où le deuxième Empire allait naître, M. Léon Say, comme beaucoup de jeunes gens de sa génération, resta dans l'expectative, travaillant et se mûrissant à toute éventualité. Les études économiques avaient eu naturellement ses prédilections particulières, mais il les avait comprises sous la forme la plus large, en les accompagnant de tout cet ensemble qui constitue la science de gouvernement. Les événements de 1870 le trouvèrent tout armé et tout prêt à entrer dans l'arène. Élu député à l'Assemblée nationale, il fût bientôt appelé, par la confiance du chef de l'État, aux fonctions de préfet de la Seine plus importantes que jamais au milieu de circonstances si spéciales. Nous l'avons vu depuis, Ministre des finances, ambassadeur, président du Sénat, membre de l'Académie des sciences morales et politiques comme l'avait été son père, membre de l'Académie française. Lui aussi avait été dépassé par les événements, mais resté sur la brèche jusqu'à

(1) M. le Comte de Chambrun.
(2) *L'Ouvrière.*

la fin, sans aucune atteinte apparente de l'âge, il faisait encore, peu de jours avant sa mort, retentir à la Chambre des députés cette parole fine, pleine de bonhomie et de bon sens dont ses adversaires même subissaient le charme. Comme M. Jules Simon, d'ailleurs, il était resté voué de cœur aux études et aux efforts tendant par les voies vraies, sinon à supprimer des inégalités qui sont dans la nature, au moins à améliorer, dans la limite du possible, le sort de ceux qui ont à soutenir le plus laborieusement les luttes de la vie. — Lié avec la famille de M. Léon Say, lié d'amitié avec lui dès notre jeunesse commune, mêlé, à diverses reprises, à ses travaux dans la suite de notre carrière (1), j'avais été l'un des compagnons de ses premières élaborations extérieures quand, dans cette conférence Molé qui a été une pépinière de gouvernement, nous faisions avec beaucoup de gravité, de la législation théorique pour nous préparer, si le sort devait nous y conduire, à passer plus tard utilement à l'action. J'ai eu l'honneur et le bonheur de participer aussi, et sur le terrain humanitaire, à l'une des dernières tàches de M. Say, à celle des commissions et du jury de l'Économie sociale à l'Exposition universelle de 1889. Président du groupe, il s'était dépensé sans compter à diriger ses travaux aussi ardus qu'intéressants ayant pour but de mettre en lumière les solutions les plus pratiques et les plus utiles. La noble vie de M. Léon Say ne pouvait mieux se terminer qu'au milieu de pareilles œuvres et il y est demeuré fidèle jusqu'à la fin. Toujours en action, toujours au travail, il ne s'est reposé que pour mourir.

Je termine ces souvenirs et ces hommages en adressant aussi un dernier salut aux collègues étrangers qui ont disparu de nos rangs.

Nous devons un tribut très particulier à la mémoire de M. Paul CALLIGAS, ancien ministre du Gouvernement hellénique, ancien professeur à l'Université d'Athènes, Sous-directeur de la Banque nationale de Grèce, mort dans un âge avancé, après une carrière des plus complètes. M. Calligas avait bien voulu donner

---

(1) Au Conseil municipal de Paris, au Conseil général de la Seine et incidemment au Conseil d'État (M. Léon Say avait pris une très grande part personnelle aux délibérations du Conseil d'État relatives à la grande loi sur les pensions civiles qu'il avait fait sienne et qui est resté en projet).

à nos travaux le plus dévoué et le plus précieux concours : de 1877 à 1886, il nous avait envoyé fidèlement, chaque année, la Notice sur le mouvement législatif en Grèce destinée à notre Annuaire étranger. Il a inséré dans le *Bulletin* de la Société, en 1876, une communication sur le projet de Code civil grec et en 1880 (1), un article sur la puissance paternelle dans le droit hellénique. Nous conserverons un reconnaissant souvenir de sa collaboration. — Notre éminent collègue était auteur de plusieurs ouvrages estimés, notamment un livre ayant pour objet l'application du droit romain en Grèce, un autre sur le droit civil antérieur au nouveau Code grec.

M. Calligas était né à Smyrne en 1814 ; il avait fait ses études à Genève, Munich et Berlin où il prit ses degrés.

M. José CLADELLAT Y DASQUENS était né à Barcelone en 1850; il fit ses études de droit à l'Université de cette ville, entra au Barreau et y occupa un rang distingué, prenant pour spécialité les affaires commerciales. Très ami du progrès, il a contribué beaucoup, par ses articles dans les Revues spéciales, à l'établissement des communications téléphoniques en Espagne et a, dans ses travaux, posé les premières bases de la législation en la matière (2).

M. Antonio de Padua FLEURY était né en 1830 : il a eu au Brésil une très belle carrière; docteur en droit, il était devenu directeur de la Faculté des sciences sociales et juridiques de San-Paulo, mais, en même temps, il a eu une existence administrative et politique très développée. Il y a une vingtaine d'années, il était directeur général au Ministère de la Justice à l'époque où notre honoré collègue, M. le vicomte de Cavalcanti, était titulaire du département. Élu membre de la Chambre des députés du Brésil, M. Fleury en a été le président : il a été Ministre de l'Agriculture et du Commerce et membre du Conseil de l'Empereur. Il a représenté le Brésil dans les Congrès pénitentiaires tenus à Berne et à Stockolm, et il a rédigé à leur sujet des rapports très intéressants (3).

(1) *Bulletin*, année 1876, page 356; année 1880, page 175.

(2) Les détails relatifs à M. Cladellat sont dus à une obligeante communication de M. Augusto Mentruit, avocat à Barcelone, président de l'Académie de droit de cette ville, membre de la Société de legislation comparée.

(3) Les détails relatifs à M. Fleury sont dus à une obligeante communication de M. le vicomte de Cavalcanti.

Je ne puis que rappeler MM. DE BARROS GUIMARAES et FIELD : le premier, professeur à la Faculté de droit de Pernambuco, au Brésil; le second, avocat à New-York. Leur mort a été connue trop tardivement du Conseil de Direction pour qu'il ait été possible de recueillir quelques détails en ce qui les concerne.

Messieurs et chers collègues, cette séance qui ouvre les travaux de la vingt-huitième année de la Société va clore ma présidence. Je vous réitère les remerciements que je vous adressais il y a deux ans, en prenant possession du fauteuil. J'adresse un cordial adieu à ceux d'entre vous qui ont partagé avec moi le soin de la direction de vos travaux : j'adresse tous mes souhaits à la Société pour la session qui commence, tous mes souhaits au successeur que vous allez me désigner.

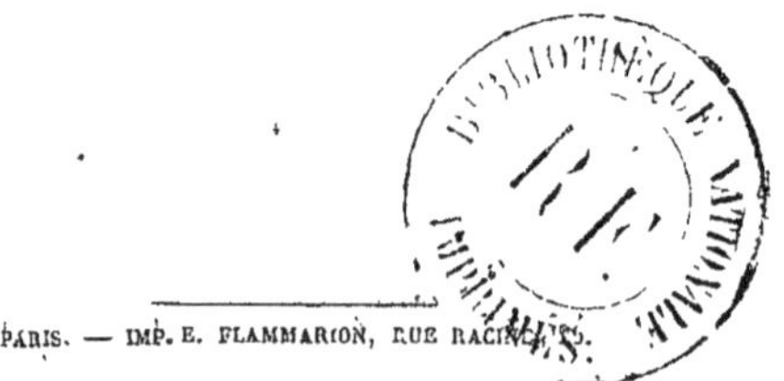

PARIS. — IMP. E. FLAMMARION, RUE RACINE, 26.